PREMIÈRE RÉPONSE

A LA

PARTIE ÉCONOMIQUE

DU MESSAGE

DE

MONSIEUR LE PRÉSIDENT DE LA RÉPUBLIQUE

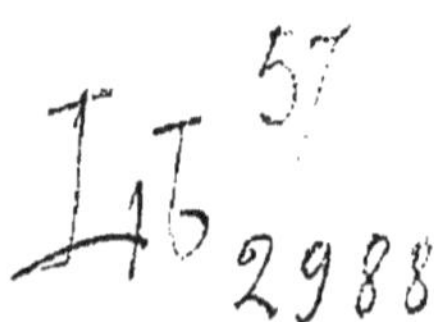

PREMIÈRE RÉPONSE

A LA

PARTIE ÉCONOMIQUE

DU

MESSAGE

DE

M. LE PRÉSIDENT DE LA RÉPUBLIQUE

Ce travail est la traduction d'une brochure publiée à Londres
par le Cobden Club
et paraît sous un titre conforme à son appropriation française.

LONDRES

CHEZ CASSELL, PETER ET GALPIN

LUDGATE HILL E. C.

—

1871

PREMIÈRE RÉPONSE

A LA

PARTIE ÉCONOMIQUE

DU MESSAGE

DE

MONSIEUR LE PRÉSIDENT DE LA RÉPUBLIQUE

**La politique commerciale de la France
et le traité de 1860 avec l'Angleterre**

Les effets produits par le traité de commerce
conclu, en 1860, entre la France et l'Angleterre, sur
le mouvement d'échange des deux pays, et les
conséquences du système dont il fut le principe,
en ce qui touche le progrès et la prospérité de la
France, sont bien connus de tous ceux qui ont
eu l'occasion de s'enquérir de ces faits. Mais au
moment où les nécessités financières de la France
font naître la discussion de certaines mesures
dont l'adoption modifierait profondément les conditions de son commerce extérieur en entravant

son développement matériel, il importe de bien faire connaître les choses dont il s'agit aux habitants des deux pays. Convaincu de l'inutilité des commentaires en face de pareils résultats, le club Cobden a dressé cette courte statistique, tirée des documents officiels publiés par les Gouvernements anglais et français.

Le libre échange, au lieu d'être introduit en France, comme en Angleterre, au moyen de modifications de tarif indépendantes les unes des autres, fut le résultat de traités de commerce successifs avec les puissances étrangères, où l'accomplissement de réductions réciproques assurait à chacun des contractants un double avantage, aussi bien en ouvrant le marché français à la concurrence étrangère, qu'en obtenant, pour les produits français une facilité croissante d'accès au marché étranger.

Toutefois, ces modifications ayant exigé un certain temps, les effets, même incomplets, de ce système nouveau sur l'industrie et le commerce de la France furent moins efficaces que si, pour garantir cette réforme commerciale, on avait pris une mesure générale. Cette considération donne une signification des plus importantes au tableau suivant, tiré des Annales du commerce de la France aves ses colonies et les puissances étrangères, et publié par le ministère français.

Tableau comparatif du commerce extérieur dans les années 1859 et 1868.

COMMERCE GÉNÉRAL *

Pour 1868, il représente une valeur totale de 8,114,000 fr., soit 324,560,000 liv. st., dont 4,258,000,000 fr., ou 170,320,000 liv. st., consistent en importations, et 3,856,000,000 fr., soit 154,240,000 liv. st., en exportations. C'est une augmentation de 2,702,000,000 fr., ou 168,000,000 liv. st. sur la valeur totale du commerce général de la France en 1859, année qui précéda les réformes entreprises dans la suivante.

COMMERCE SPÉCIAL **

Reproduction exacte de ces échanges directs, il montait en 1868 à 6,229,000,000 fr., ou 249,160,000 liv. st., dont 3,304,000,000 fr.; soit 132,160,000 liv. st. consistaient en importations.

* Le commerce général comprend toutes importations quelle que soit leur origine et leur destination, soit pour la consommation intérieure, soit pour la réexportation, ainsi que toutes les exportations d'origine étrangère ou française.

** Le terme de commerce spécial ne comprend que les importations propre à la consommation et les exportations des produits et des manufactures françaises.

et 2,925,000,000 fr., soit 117,000,000 liv. st. en exportations.

C'est une augmentation de 2,322,000,000 fr., soit
92,880,000 liv. st. sur 1859, dont 1,663,000,000 fr.,
ou 66,520,000 liv. st. consistant en importations et
659,000,000 fr., ou 26,000 liv. st., en exportation.

Les différentes parties du globe et les régions
principales où s'est faite la distribution de cette
valeur accumulée du commerce spécial dans chacune des années 1859 et 1868, soit 3,907,000,000 fr.
en 1859 et 629,000,000 fr. en 1858, se répartissent
ainsi qu'il suit :

1. — *Europe.*

Années.	Importations.	Exportations.	Totaux.
	Milliards fr.	Milliards fr.	francs.
1859.........	1.036	1.469	2.505.000.000
1868.........	2.355	2.232	4.587.000.000

Nous trouvons une augmentation de 2 milliards
82,000,000 fr. pour 1868, soit 83,280,000 liv. st.
sur le total de 1859, dans le commerce de la
France en Europe.

2. — *Afrique.*

Années.	Importations.	Exportations.	Totaux.
	Millions fr.	Millions fr.	francs.
1859......	55	37	92.000.000
1868......	88	60	148.000.000

C'est une augmentation de 56,000,000 francs, ou 2,240,000 liv. st. sur 1859.

3. — *Asie et contrées du Pacifique.*

Années.	Importations.	Exportations.	Totaux.
	Millions fr.	Millions fr.	francs.
1859......	76	17	93.000.000
1868......	204	32	236.000.000

Augmentation, en 1868, de 143,000,000 fr., ou 5,720,000 liv. st.

4. — *Amérique.*

Années.	Importations.	Exportations.	Totaux.
	Millions fr.	Millions fr.	francs.
1859......	334	521	855.000.000
1868......	479	420	899.000.000

Nous trouvons dans l'ensemble du commerce avec l'Amérique une augmentation de 44 millions de fr. ou 1,760,000 liv. st., qui porte exclusivement sur les importations. La baisse des exportations provient des grandes réductions faites dans les expéditions aux États-Unis, par suite de la guerre civile et des tarifs exorbitants mis en vigueur dans ce pays.

5. — *Colonies françaises.*

(Réunion, Martinique, Guadeloupe, Guinée)

Années.	Importations.	Exportations.	Totaux.
—	—	—	—
	millions fr.	millions fr.	millions fr.
1859........	75	58	133.000.000
1868	63	43	106.000.000

La diminution du mouvement commercial avec ses colonies doit être attribuée au commerce fait avec la Réunion.

Avec les autres colonies le commerce s'est légèrement accru.

6. — *Autres possessions françaises hors de l'Europe, y compris l'Algérie.*

Années.	Importations.	Exportations.	Totaux.
—	—	—	—
	millions fr.	millions fr.	millions fr.
1859........	64	165	229.000.000
1868	114	138	253.000.000

Le tableau suivant montre le chiffre des importations et des exportations des principaux articles du commerce de la France pour chacune des années 1859 et 1868 respectivement, savoir :

Importations en millions de francs.

	1859	1868	Aug.	Dim.
Soie	211	438	227	—
Coton	154	271	117	—
Laine	126	238	112	—
Bois ordinaires	106	179	73	—
Animaux	51	158	107	—
Houille	95	132	37	—
Peaux et fourrures	76	108	32	—
Chanvre	28	85	57	—
Café	44	74	30	—
Sucres étrangers	45	67	22	—
— coloniaux	59	53	—	6
Graines oléagineuses	33	58	25	—
Cuivre	33	40	7	—

Exportations en millions de francs.

	1859	1868	Aug.	Dim.
Tissus de soie	500	523	23	—
— laine	181	251	70	—
— coton	67	64	—	3
— lin	15	27	12	—
Vins	232	234	2	—
Soie	45	146	101	—
Cuirs et peaux	130	123	—	7
Céréales	152	67	—	85
Fromage et beurre	24	70	46	—
Produits chimiques	33	54	21	—
Papier, etc	32	38	6	—
Poteries, verres et cristaux	31	37	6	—
Laine	9	37	28	—
Chevaux	17	35	18	—
Produits métallurgiques	44	35	—	9
OEufs	13	35	22	—
Bois ordinaires	17	35	18	—
Coton et laine	7	31	24	—
Graines pour semailles	13	23	10	—
Cheveux	5	10	5	—

On doit faire observer que, au sujet des deux articles principaux de l'exportation de la France, soies et vins, leur valeur croissante ne correspond pas au progrès général de ce même commerce pendant la période que nous avons comparée; on pourrait arguer de ces faits contre le système qui a été adopté.

En conséquence, il est nécessaire d'établir que, la guerre civile des Etats-Unis et les tarifs exorbitants mis en vigueur dans les dernières années, ont réduit le commerce d'exportation de la France avec ce pays, tant en soies qu'en vins, dans des proportions qui seraient devenues désastreuses pour ces deux grandes industries si l'expansion donnée au commerce entre la France et l'Angleterre ne les eût dédommagées de la perte subie dans les échanges avec l'Amérique.

En voici les chiffres :

Exportations en soies et vins de France aux Etats-Unis. pour chacune des années 1859-1868.

1859.	Quantités.	Valeurs.
Soies...............	938.761 kilogr.	138.246.607 fr.
Vins................	22.299.552 litres.	32.007.998 fr.

Il est surprenant de voir, en face d'un coup si violent et porté subitement au commerce français dans ces parties, qu'il ait pu se maintenir au niveau actuel : ce qui n'est dû qu'au système adopté en 1860, qu'on dit préjudiciable à la France.

Cette statistique officielle prouve l'impulsion donnée au commerce de la France ainsi qu'à nombre de ses industries par les réformes commerciales devenues la conséquence des traités conclus avec les autres pays.

Ces résultats généraux peuvent se résumer ainsi :

En 1859, le commerce spécial de la France, tant en importations qu'en exportations, s'elevait à 3,907,000,000 fr., soit 156,280,000 liv. st. Les pays suivants avec lesquels on a, depuis ce temps, conclu des traités : Angleterre, Belgique, Allemagne, Suisse, Autriche, Hollande, s'y trouvent compris pour une somme de 1,697,000,000 fr., soit 67,880,000 liv. st.

En 1868, le commerce spécial de la France, se montait à la somme de 6,229,000,000 fr, soit 249,160,000 liv. st., auxquels contribuaient les pays susnommés pour 3,175,000,000 fr., soit 127,000,000 liv. st., contre 1,697,000,000 fr., soit 67,880,000 liv. st. précédemment indiqués pour 1859, ce qui montre une augmentation de 1,478,000,000 fr., soit 59,120,000 liv. st.

L'Italie est expressément exclue de ce rapprochement, par suite de la difficulté qu'on éprouve à faire une comparaison sérieuse entre le commerce de ce pays, alors qu'il était composé de différents Etats, au lieu de former, comme à présent, une unité commerciale indépendante.

Voici le tableau du commerce fait avec chacune des nations ci-dessus mentionnées en 1868 :

Commerce spécial en millions de francs

	Importations	Exportations	Total
Angleterre...............	580	921	1.501
Belgique...............	354	288	639
Zollverein...............	266	226	492
Autriche...............	47	8	55
Suisse...............	141	276	417
Hollande...............	40	31	71

Total : 3.175.000.000 fr., soit 127.000.000 liv. st.

On doit, en examinant ce tableau, remarquer que le traité fait avec l'Autriche ne fut conclu qu'en 1866, et ceux passés avec le Zollverein et la Suisse ne furent signés qu'en 1865.

Marine. — Le développement donné par ce système au commerce extérieur de la France, pendant les dernières années, a eu pour conséquence forcée un accroissement considérable dans le chiffre du tonnage qui lui était consacré, quoique sa principale augmentation tienne au pavillon étranger. La marine française y prend une importance dont le progrès a été croissant tant pour le commerce de ce pays avec l'étranger que pour celui qu'il fait avec ses colonies. Par contre, le cabotage, genre de navigation exclusivement réservé à la France, à quelques légères exceptions près, ne fit que décliner.

Les changements importants introduits dans le système de la navigation française en 1866 et grâce auxquels les marines étrangères furent admises à faire le commerce indirect de la France aux mêmes conditions que la marine française, se sont accomplis dans un espace de temps trop court pour pouvoir produire tous leurs effets. Mais le tableau suivant montrera qu'il ne se trouve aucune raison de penser qu'ils doivent se réaliser au détriment de la marine française :

	1858	1868
	Tonnes	Tonnes
Marine française..........	2.218.199	3.095.544
Colonies.................	625.140	992.576
Cabotage	6.234.610	5.498.248
Total (les pêcheries exclues)................	9.077.949	9.586.368

Il est à noter que le cabotage est la seule partie de la navigation française, encore protégée contre la concurrence étrangère, et qu'elle est la seule dont l'importance ait diminué depuis l'inauguration du nouveau régime.

Le total du tonnage pour les années 1858 et 1868 se compte ainsi qu'il suit :

	1858	**1868**
Commerce étranger......	5.924.506	9.513.514
Colonies	625.252	1.011.211
Cabotage	6.234.610	5.498.248
Total............	12.784.368	16.002.973

Pendant les dix dernières années, on n'obtient qu'une légère augmentation dans le tonnage total de la marine marchande de la France ; mais sa marine à vapeur donnait en 1868 135,259 tonnes, contre 66,587 en 1858.

Pour son commerce avec l'Angleterre, l'emploi de la marine à vapeur française s'est accru, de 1859 à 1869, dans la proportion de 24,371 à 251,985 tonnes.

L'état suivant démontre de la manière la plus évidente quels sont les progrès matériels réalisés par la France depuis l'introduction des réformes économiques de 1860.

Production des vins et autres boissons spiritueuses.

La moyenne de la production des vins de toutes sortes en France, pendant les six années qui précèdent et les six qui suivent 1860, se décompose ainsi :

	Hectolitres.
Moyenne annuelle de 1814 à 1859 incl...	27.752.000
— — de 1861 à 1866 — ...	50.276.000
Augmentation pendant la dern. période.	22.524.000

Taxes produites par les eaux-de-vie, etc., etc. :

	Hectolitres.
Moyenne des deux années 1858-1860....	37.614.000
— des six années après 1860.....	39.224.000
Augmentation.........	1.610.000

Autres liqueurs spiritueuses sujettes à la taxe.

	Spiritueux. hectol.	Cidres. hectol.	Bières. hectol.
Moyenne des deux années 1858-59..	832.810	4.586.031	6.757.716
Moyenne des six années après 1860.	878.053	5.666.066	7.298.070
Augmentation	54.757	1.080.035	546.354

État des charbons extraits des mines et consommées en France.

	Extraction. quint. métr.	Consommation. quint. métr.
Moyenne des six années avant 1860...............	74.905.000	125.586.000
Moyenne des six années après 1860............	109.211.000	173.768.000
Augmentation.........	34.306.000	48.182.000

État de la production en France des métaux suivants :

	Fers en fontes.	Fers de t^{tes} sort^{es}.	Acier.	Cuivre.
	tonn. mét.	quint. mét.	quint. mét.	quint. m.
Moyenne des dix années avant 1860.	878.650	545.917	229.167	75.483
Moyenne des dix années après 1860.	1.148.576	757.686	412.154	154.178
Augmentat...	269.926	211.769	183.582	78.695

État des ventes de tabacs par la régie.

	Tabac en feuilles et cigares.	Tabac manufacturé.
	kilos.	kilos.
Moyenne des six années avant 1860....	33.626.000	26.283.000
Moyenne des six années après 1860....	32.145.000	24.479.000
Diminution.....	1.481.000	1.804.000

Puissance de la vapeur employée dans l'industrie privée.

	Nombre.	Force de la vapeur.
Moyenne des six années avant 1860...............	10.703	133.679
Moyenne des six années après 1860..............	19.015	231.971
Augmentation......	8.312	98.292

État des forces en vapeur employées dans certaines industries en 1852 et 1867.

	1852.	1867.	Aug.
Produits chimiques...	313	2.006	1.693
Verreries............	620	2.387	1.767
Poteries.............	296	1.048	752
Tissus...............	1.738	9.796	8.058
Filatures	16.495	49.996	35.501
Draperies...........	1.194	3.847	2.643

Circulation postale des lettres.

	Nombre de lettres.
Moyenne des six années avant 1869....	243.750.830
— — après 1869....	297.291.948
Augmentation.............	53.545.118

État des progrès dans les Caisses d'épargne de 1854 à 1868 inclusivement.

	Nombre de livrets.	Rapport de la population avec le nombre des déposants.	Montants des dépôts.
	Nombre.	Nombre.	Francs.
Moyenne des six années avant 1860.	972.981	1 à 37	126.101.407
Moyenne des six années après 1860.	1.516.308	1 à 24	177.496.516
Augmentat ..	543.727		51.395.109

Mais revenons aux effets produits par le commerce extérieur de la France, ainsi qu'à la politique commerciale suivie pendant les dix dernières années. Les états donnés plus haut ont démontré ses effets sur le commerce général du pays; mais, pour que l'on puisse se former une idée exacte de son fonctionnement, il est nécessaire d'examiner les variations du commerce spécial entre la France et l'Angleterre :

Et cela pour deux raisons données plus haut : premièrement, parce que c'est à cette partie du commerce français que les nouveaux tarifs furent appliqués pour la première fois; secondement, parce que le commerce avec l'Angleterre constitue un élément de premier ordre pour tout le commerce extérieur de la France.

C'est une considération qu'on oublie trop souvent dans la question aussi fréquemment qu'inutilement posée de savoir : qui de l'Angleterre ou de la France a le plus bénéficié du traité.

Il est donc nécessaire de rappeler que le commerce de la France avec l'Angleterre forme le quart de la totalité de son commerce avec l'étranger, tandis que le commerce de l'Angleterre avec la France ne représente que la dixième partie de la totalité de son commerce avec l'étranger.

C'est en comparant la valeur totale du commerce entre la France et l'Angleterre, importations, exportations et réexportations réunies, que, d'après le compte commercial de l'Angleterre pour les deux périodes quinquennales de 1855-59 et de 1865-69, on obtient les résultats suivants :

	1855-59 liv. st.	1865-69 liv. st.	Augment. liv. st.	p. c.
Importations de France..	12.328.219	33.960.099	21.631.880	175
Exportations en France..	10.204.788	24.353.265	14.148.477	139
Total........	22.533.007	58.313.364	35.780.357	159

La table suivante montre les progrès accomplis dans la même période par le commerce extérieur tout entier du Royaume-Uni :

Commerce extérieur général de la Grande-Bretagne.

	1855-59 liv. st.	1865-69 liv. st.	Augment. liv. st.	p. c.
Importations de toutes provenanc^es	169.539.526	286.339.903	116.800.377	69
Exportations dans tous les pays....	139.512.257	229.666.659	90.154.402	65
Totaux	309.051.783	517.006.562	206.954.779	67

Totalité du commerce général du Royaume-Uni avec les pays où des traités de commerce ont été conclus, savoir : la France, la Belgique, la Suède

et la Norwége, l'Italie, l'Autriche, le Zolverein
(les villes anséatiques et la Hollande*).

	1855-59	1865-69	Augment.	p. c.
	liv. st.	liv. st.	liv. st.	
Importations.	40.158.369	81.881.672	41.723.303	104
Exportations.	45.518.909	87.165.799	41.646.890	91
Totaux......	85.677.278	109.047.471	83.370.193	97

Les tables ci-après, compilées dans les comptes
du commerce anglais, montrent les importations
et les exportations des principaux articles du commerce entre la France et l'Angleterre pendant les
années de 1859 et 1869.

* Les exportations aux villes anséatiques et en
Hollande comprennent une grande partie du commerce fait avec l'Allemagne et l'Autriche.

IMPORTATIONS FRANÇAISES DANS LE ROYAUME-UNI

DANS CHACUNE DES ANNÉES 1859 ET 1869

	1859		1869	
	Quantités	Valeur	Quantités	Valeur
		liv. st.		liv. st.
Beurre............... quint...	36.854	152.480	407.443	2.231.450
Bouchons.. .... livres ..	481.866	30.116	1.324.466	71.687
Coton munufacturé et fils.....	»	375.352	»	612.474
Œufs............... p. cubes	649.863	293.588	3.215.442	973.895
Plumes ornementales. livres ..	31.476	73.262	81.187	111.774
Poisson .... valeur..	»	26.605	»	133.694
Fleurs artificielles.... —	»	n	»	»
Fruits.............. —	»	97.273	«	358.376
Garancium .... quint ..	18.343	131.504	17.960	119.332
Verreries diverses.... —	6.324	28.227	»	208.623
Crins chevaux........ —	1.949	9.699	34.889	211.661
Chapeaux feutre ..... n°.. ...	53.619	16.084	214.033	64.210
Jute en fil .... livres ..	»	»	3.302.556	80.474
Cuirs et peaux....... —	1.963.850	145.930	5.747.265	299.724
Houblon .... quint ..	»	»	30.572	69.383
Fer et acier......... —	5.114	6.916	»	101.248
Dentelles .... valeur..	»	22.364	»	179.374
Gants peaux........ paires..	4.500.049	487.775	9.440.928	1.022.766
Bottes en peau....... —	695.445	111.002	296.328	61.421
Garance............ quint..	65.699	165.353	24.806	58.915
Instrum. de musique . n°.....	3.790	37.900	»	177.541
Huile de navette..... tonnes .	4.118	161.178	4.065	153.856
Tourteaux........... —	11.981	92.233	59.115	416.955
Lorgnettes .... valeur..	»	352.198	»	73.419
Papiers divers....... quint ..	7.353	25·883	-56.330	122.039
Pommes de terre ..... —	443 927	69.674	833.640	190.977
Volaille et gibier .... valeur..	»	13.280	»	67.074
Résine............. quint ..	4.258	1.676	159.429	63.521
Graines, jard........ valeur..	»	254.296	»	357 274
Soie brute.......... livres ..	667.404	1.064.806	950.561	1.448.513
— rebuts .... —	155.872	248.427	240.817	569.653
— tissu .... —	«	1.732.928	«	9.004.291
Esprits.............. —	3.955.736	1.377.511	3.841.644	1.233.711
Sucre............... quint ..	199.492	247.952	908.590	1.294.364
Moutons .... n°.....	99.894	210.738	122.985	183.057
Vins............... gallons.	1.010.888	559.304	4.255.483	1.585.858
Laine brute .... livres ..	1.312.776	128.392	2.224.947	142.636
— tissu.......... valeur..	»	607.609	»	1.586.639
Total...........	»	16.870.859	»	33.527.377

N. B. — Ces marchandises sont exclusivement pour la consommation du Royaume-Uni, les exportations de France en transit dans le Royaume-Uni étant portées dans un état séparé et distinct sous le titre de « Commerce de Transit. »

PRODUITS NATURELS ET MANUFACTURÉS
DE LA GRANDE-BRETAGNE

Exportations pour la France en 1859 et 1869

	1859		1869	
	Quantités	Valeur	Quantités	Valeur
		lir. st.		lir. st.
Alcali .... quint ..	29.079	16.025	157.000	62.731
Confections	»	39.695	»	123.079
Caoutchouc.................	»	21.366	»	135.665
Charbons .... tonnes .	1.391.009	615.232	1.999.920	869.137
Cuivre............. quint ..	90.320	493.083	80.086	331.226
Cotons filés......... —	360.319	33.319	1.914.731	242.018
Cotons manufacturés.........	»	222.383	»	1.195.077
Produits chimiques..........	»	18.386	»	120.197
Poissons...................	»	10.530	»	131.378
Quincaillerie .... quint ..	9.964	95.479	26.671	127.389
Fers............... tonnes .	82.713	395.135	134.151	701.440
Cuirs......................	»	3.600	»	93.945
Fils .... livres ..	766.963	89.371	3.484.833	230.505
Toiles	»	68.743	»	193.912
Machines..................	»	109.402	»	317.124
Huiles diverses...... gallons.	1.362.625	163.698	1.544.950	184.617
Soie filée.......... livres ..	231.574	113.464	116.760	72.498
Soie grège.......... —	289.456	308.568	242.191	346.442
Soie manufacturée	»	44.039	»	113.630
Fils télégraphiques..........	»	23.349	»	534.432
Ferblanc..................	»	23.680	»	43.038
Laines............ livres ..	6.170.228	428.942	4.986.634	380.292
Laines filées......... —	832.384	176.118	3.993.381	705.574
Laines manufacturées........	»	243.286	»	2.183.673
Total..........	»	4.754.354	»	11.438.330

RÉEXPORTATION POUR LA FRANCE

	1859		1869	
	Quantités	Valeur	Quantités	Valeur
		lir. st.		lir. st.
Cafés............... livres ..	480.739	14.232	17.882.486	528.006
Cuivre.............. quint ..	12.006	64.392	130.500	492.743
Coton brut......... —	66.324	185.695	269.709	1.227.331
Chanvre et lin....... —	28.071	46.581	377.303	398.087
Indigo .... —	1.747	53.284	2.282	109.850
Riz............. quint ..	153.048	85.452	152.476	81.320
Graines............ quarts..	123.818	279.065	106.785	303.275
Soie grège.......... livres ..	1.569.045	1.588.658	2.767.861	3.263.769
Laine............... —	12.214.600	914.160	65.190.828	3.860.729
Total..........	»	4.807.602	»	11.838.892

Les effets produits par la politique commerciale récemment introduite en France, sur ses ressources financières, offrent actuellement un sujet d'étude des plus intéressants.

Il est généralement admis que les avantages commerciaux, incontestablement obtenus par les réformes économiques des dix dernières années ont frappé le produit des ressources fiscales. Le contraire seul est vrai. La diminution des recettes obtenues par la douane en France témoigne très-imparfaitement des effets produits par sa politique commerciale sur ses revenus ; car, comme on le sait, l'une des parties les plus étendues de ses impôts indirects, savoir : les impôts établis sur le plus grand nombre des spiritueux, sur les sels, sur les sucres consommés dans le pays et les produits de la vente du tabac, sont tous compris dans les autres portions du revenu, et doivent être ajoutés aux produits de la douane, si l'on veut comparer le présent au passé. En un mot, les produits du service des contributions indirectes doivent être ajoutés à ceux que fournissent les douanes.

En suivant cette marche, on arrive à ces résultats :

Total des recettes provenant des deux services, en :

	1859 Millions fr.	**1868** Millions fr.
Douanes.............	228.445.000	144.564.000
Impôts indirects.....	485.676.000	620 225.000
Total........	714.131.000	761.789.000

Il ressort de ce tableau comparé, que le revenu de la France, grâce aux ressources combinées, s'est accru, depuis 1860, de 50,000,000 fr., soit 2,000,000 liv. st.

Le système qui veut augmenter le revenu par l'imposition de nouvelles taxes sur les matières premières de l'industrie et sur les produits manufacturés est condamné par l'expérience de tous les pays soumis à des conditions économiques semblables à celles de la France. Avec de tels impôts dus au système prohibitif, on ne peut aboutir qu'à frapper ou qu'à détruire le commerce dont le revenu dérive.

Aucune taxe ne peut être à la fois protectionniste et fiscale : elle ne réussit d'un côté que dans la proportion de son échec de l'autre. Dans le cas même où grâce à la rigoureuse répartition des impôts sur les matières premières et les produits manufacturés, l'élément protectionniste devrait être écarté, de telles taxes constitueraient une charge directe pour l'industrie française, ayant pour double effet de restreindre la concurrence à l'intérieur par l'éloignement des petits capitalistes, et de porter une atteinte au commerce de la France avec l'extérieur ; ce qui serait couper jusqu'à la racine toute sa vie industrielle, tarir l'une des plus importantes sources de la richesse nationale et de sa prospérité financière.

On cite quelquefois les Etats-Unis pour montrer quels avantages financiers on peut attendre d'une pareille politique. Un tel exemple ne peut être donné que par ceux qui sont profondément ignorants des effets produits par cette mesure sur l'industrie et la prospérité de l'Union américaine.

Qu'un large revenu soit sorti du système de taxes qui frappe chaque branche du commerce et de l'industrie, ainsi que de l'élévation exagérée des tarifs douaniers, c'est incontestablement vrai ; mais ces résultats ne furent atteints que par un procédé qui détruisit partiellement les manufactures américaines en écrasant sous le poids des sacrifices un peuple qui, sans les ressources de son vaste territoire, se fût trouvé dans l'impossibilité de les supporter, et qui, se produisant chez une des vieilles nations de l'Europe, conduirait à l'abîme d'un désastre national *.

* La statistique suivante est tirée d'un article recent de M. David Wells, ex-commissaire des revenus publics aux Etats-Unis, publié dans la *Revue Américaine du Nord*.

Depuis 1860, la population de l'Union s'est accrue d'environ 8,000,000 ; 125,000 milles de voies ferrées y ont été construits ; la dette n'est que la moitié de celle de la Grande-Bretagne. En dehors de cette charge, la dépense du gouvernement y est infiniment moindre ; rien ne fait supposer que les Etats-Unis soient moins capables qu'en 1860 d'aborder les marchés étrangers ; mais il n'en est pas moins vrai que dans

— 28 —

ce pays chaque individu dépense maintenant moins de sucre, de café, use moins de souliers, de bottes, de chapeaux et d'autres objets de consommation générale qu'il ne le faisait en 1859. L'usage des tissus de coton, évalué en livres, était inférieur en 1870, avec une population de 39 millions d'habitants, à ce qu'il était, en 1860, pour 30 millions ; non-seulement les achats à l'intérieur ont diminué, mais encore les expéditions, en plus petit nombre, ne se font que par navires étrangers.

Le tableau suivant de la valeur différente des exportations diverses en 1860 et 1869 a fourni un témoignage concluant de la décroissance de cette prospérité. Comme le compte de la première année est fait en or, celui de la dernière en papier de circulation, déprécié maintenant de 13 p. 100 cette diminution, si grande qu'on la montre, l'est encore plus qu'elle ne le paraît.

Tableau comparatif

	VALEUR DES EXPORTATIONS	
	en or **1860**	en papier monnaie **1869**
Bétail.............. liv. st.	1.855.091	689.508
Bière, ale et porter...........	53.573	9.755
Bottes et souliers.......... ...	782.525	356.290
Bougies.....................	760.528	324.995
Voitures....................	816.973	299.487
Graines de jardin et autres...	596.910	44.816
Poudre à canon.............	467.972	122.562
Peaux et cuirs..............	1.036.260	219.918
Caoutchouc manufacturé......	240.844	138.216
Marbres et pierres travaillées.	176.339	65.515
Peinture et vernis...........	223.809	91.452
Papiers et livres............	564.066	290.098
Potasse....................	882.820	187.004
Savons....................	494.405	384.950
Tabac manufacturé...........	3.337.083	2.101.335
Malles et valises............	37.748	24.800
Laine et étoffes de laine.......	389.512	237.325

La diminution du commerce maritime n'a pas été moins sensible pour les transactions étrangères que pour le cabotage monopolisé par les Américains, ainsi que pour le tonnage des pêcheries.

Quant au commerce avec la Grande-Bretagne, les entrées étaient, en 1860, de 924 vaisseaux américains et de 613 étrangers ; en 1869, de 365 pour les premiers et de 1,394 pour les seconds. M. Wells établit qu'en 1860, 15,000 individus étaient employés, pour la seule ville de New-York, à construire et réparer les machines de la marine à vapeur ; qu'en 1870, il s'en trouvait à peine 700 occupés à ce travail, qui non-seulement formait l'une des branches le mieux rétribuées et rétribuantes de l'industrie américaine, mais encore l'une de celles où les ouvriers américains excellaient précédemment. Ce fait se produit, dit-il, en face même de l'élévation des salaires de cette partie de l'industrie anglaise, depuis 1864, accrus dans la proportion de 15 0/0 ; et, malgré cela, le prix de la construction a diminué, par suite de l'emploi de machines meilleures et de connaissances plus approfondies. M. Wells en tire cette conclusion que, dans l'espace des dix dernières années, le résultat de la protection aux Etats-Unis fut d'abaisser les salaires, de diminuer la consommation, d'arrêter les exportations, d'augmenter le prix des produits manufacturés, tandis que, dans la Grande-Bretagne, les salaires ont augmenté, les prix se sont abaissés, la consommation s'est accrue, et les exportations se sont considérablement étendues.

Paris.—Imp. A. Wittersheim et Cie, quai Voltaire, 31.